MI HISTORIA ES LA HISTORIA DE MUCHAS CHICAS

Publicado por AKIARA books
Plaça del Nord, 4, pral. 1a
08024 Barcelona (España)
www.akiarabooks.com/es
info@akiarabooks.com

Primera edición: noviembre de 2019
Colección: Akiparla, 1
Diseño y coordinación de la colección: Inês Castel-Branco

Este libro ha sido impreso con papel certificado FSC,
proviene de fuentes respetuosas con la sociedad y el medio ambiente
y puede ser considerado un «libro amigo de los bosques».

Impreso en dos tintas, el texto interior en papel reciclado Shiro Echo Blanc
de 120 g/m² y la cubierta en cartulina Kraftliner de 250 g/m².
Se usaron las fuentes Celeste Pro Book, Helvetica Narrow y Franklin Gothic Std.

En la página 17 el nombre de Malala Yousafzai ha sido escrito en pastún
por Bashir Eskandari.

Impreso en España
@Agpograf_Impressors
Depósito legal: B 24.788-2019
ISBN: 978-84-17440-46-6

MALALA YOUSAFZAI

MI HISTORIA ES LA HISTORIA DE MUCHAS CHICAS

Comentario de Clara Fons Duocastella // Ilustraciones de Yael Frankel //
Edición bilingüe

ÍNDICE

DISCURSO
De aceptación del Premio Nobel de la Paz de Malala Yousafzai

CLAVES DEL DISCURSO
La Premio Nobel más joven de la historia

DISCURSO DE ACEPTACIÓN DEL PREMIO NOBEL DE LA PAZ DE MALALA YOUSAFZAI

Oslo, 10 de diciembre de 2014

Bismillah hir rahman ir rahim. In the name of God, the most merciful, the most beneficent.

Your Majesties, Your Royal Highnesses, distinguished members of the Norwegian Nobel Committee, dear sisters and brothers: today is a day of great happiness for me. I am humbled that the Nobel Committee has selected me for this precious award.

Bismil-lāhi Rahmāni Rahīm. En el nombre de Dios, el Clemente, el Misericordioso.

Majestades, altezas reales, miembros distinguidos del Comité Noruego para el Nobel, queridas hermanas y hermanos: hoy es un día de gran alegría para mí. Con humildad recibo este hermoso premio que el Comité para el Nobel me ha otorgado.

Thank you to everyone for your continued support and love. Thank you for the letters and cards that I still receive from all around the world. Your kind and encouraging words strengthen and inspire me.

I would like to thank my parents for their unconditional love. Thank you to my father for not clipping my wings and for letting me fly. Thank you to my mother for inspiring me to be patient and to always speak the truth—which we strongly believe is the true message of Islam. And also thank you to all my wonderful teachers, who inspired me to believe in myself and be brave.

Gracias a todos por vuestro constante apoyo y amor. Gracias por las cartas y postales que sigo recibiendo de todos los rincones el mundo. Vuestras palabras amables y alentadoras me dan fuerza y me inspiran.

Quiero agradecer a mis padres su amor incondicional. Gracias a mi padre por no cortarme las alas y por dejarme volar. Gracias a mi madre por enseñarme a ser paciente y a decir siempre la verdad —lo que creemos firmemente que es el auténtico mensaje del islam. Y también gracias a todos mis fantásticos maestros, que me animaron a creer en mí misma y a ser valiente.

I am proud, well in fact, I am very proud to be the first Pashtun, the first Pakistani, and the youngest person to receive this award.

Along with that, I am pretty certain that I am also the first recipient of the Nobel Peace Prize who still fights with her younger brothers. I want there to be peace everywhere, but my brothers and I are still working on that.

I am also honoured to receive this award together with Kailash Satyarthi, who has been a champion for children's rights for a long time. Twice as long, in fact, than I have been alive. I am proud that we can work together, we can work together and show the world that an Indian and a Pakistani can work together and achieve their goals of children's rights.

Estoy orgullosa, de hecho, muy orgullosa de ser la primera pastún, la primera pakistaní y la persona más joven que recibe este premio.

Además, estoy segura de que soy también la primera receptora del Premio Nobel de la Paz que sigue peleándose con sus hermanos pequeños. Quiero que haya paz en todo el mundo, pero lo cierto es que mis hermanos y yo todavía estamos en ello.

También me siento honrada por recibir este galardón junto a Kailash Satyarthi, que ha sido un gran defensor de los derechos de los niños durante mucho tiempo. Desde hace el doble de años de los que tengo yo. Estoy orgullosa de que podamos trabajar juntos: que podamos trabajar juntos y mostrar al mundo que un indio y una pakistaní pueden trabajar juntos y alcanzar sus objetivos por los derechos de los niños.

Dear brothers and sisters, I was named after the inspirational Malalai of Maiwand who is the Pashtun Joan of Arc. The word Malala means "grief stricken," "sad," but in order to lend some happiness to it, my grandfather would always call me "Malala—The happiest girl in the world". And today I am very happy that we are together fighting for an important cause.

This award is not just for me. It is for those forgotten children who want an education. It is for those frightened children who want peace. It is for those voiceless children who want change.

I am here to stand up for their rights, to raise their voice... it is not time to pity them. It is time to take action so it becomes the last time that we see a child deprived of education.

Queridos hermanos y hermanas, a mí me pusieron el nombre de la inspiradora Malalai de Maiwand, que es nuestra Juana de Arco pastún. La palabra *Malala* significa 'afligida', 'triste', pero, para darle cierta alegría, mi abuelo siempre me llamaba «Malala, la niña más feliz del mundo». Y hoy soy muy feliz porque estamos juntos luchando por una causa importante.

Este premio no es solo para mí. Es para los niños olvidados que quieren educación. Es para los niños asustados que quieren paz. Es para los niños sin voz que quieren cambio.

Estoy aquí para defender sus derechos, para hacer oír su voz... no es el momento de compadecerlos. Es el momento de actuar para que esta sea la última vez que veamos a un niño privado de educación.

I have found that people describe me in many different ways.

Some people call me the girl who was shot by the Taliban.

And some, the girl who fought for her rights.

Some people call me a "Nobel Laureate" now.

However, my brothers still call me that annoying bossy sister.

As far as I know, I am just a committed and even stubborn person who wants to see every child getting quality education, who wants to see women having equal rights and who wants peace in every corner of the world.

He visto que la gente me describe de formas muy distintas.

Algunos me llaman «la niña a la que dispararon los talibanes».

Otros, «la joven que luchaba por sus derechos».

Hay quien me llama ahora «la premio Nobel».

Sin embargo, mis hermanos me siguen llamando «la hermana pesada y mandona».

Pero lo único que sé es que solo soy una persona comprometida y hasta testaruda que quiere ver cómo todos los niños reciben educación de calidad, que quiere ver la igualdad de derechos para las mujeres y que quiere que haya paz en todos los rincones del mundo.

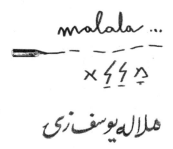

Education is one of the blessings of life—and one of its necessities. That has been my experience during the 17 years of my life. In my paradise home, Swat, I always loved learning and discovering new things. I remember when my friends and I would decorate our hands with henna on special occasions. And instead of drawing flowers and patterns we would paint our hands with mathematical formulas and equations.

We had a thirst for education, because our future was right there in that classroom. We would sit and learn and read together. We loved to wear neat and tidy school uniforms and we would sit there with big dreams in our eyes. We wanted to make our parents proud and prove that we could also excel in our studies and achieve those goals, which some people think only boys can.

La educación es una de las bendiciones de la vida... y es muy necesaria. Esta ha sido mi experiencia durante mis diecisiete años de vida. En mi hogar paradisíaco, el valle de Swat, siempre me gustó aprender y descubrir cosas nuevas. Recuerdo cómo mis amigas y yo nos pintábamos las manos con henna en ocasiones especiales. En lugar de dibujar flores o adornos, nos pintábamos las manos con fórmulas y ecuaciones matemáticas.

Teníamos sed de educación porque nuestro futuro estaba allí, en aquella aula. Nos sentábamos y aprendíamos y leíamos juntas. Nos gustaba llevar los uniformes limpios y arreglados y nos sentábamos allí con los ojos llenos de grandes sueños. Queríamos que nuestros padres se sintieran orgullosos y demostrar que nosotras también podíamos destacar en los estudios y alcanzar esas metas que algunos piensan que solo pueden alcanzar los chicos.

But things did not remain the same. When I was in Swat, which was a place of tourism and beauty, it suddenly changed into a place of terrorism. I was just ten when more than 400 schools were destroyed. Women were flogged. People were killed. And our beautiful dreams turned into nightmares. .

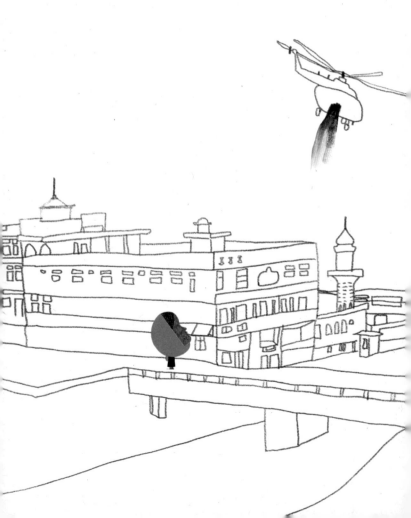

Pero las cosas no siguieron igual. Cuando yo estaba en Swat, que era un lugar turístico y muy bello, de repente se convirtió en un lugar de terrorismo. Solo tenía diez años cuando se destruyeron más de cuatrocientas escuelas. Se azotaba a las mujeres. Se asesinaba. Y nuestros bonitos sueños se convirtieron en pesadillas.

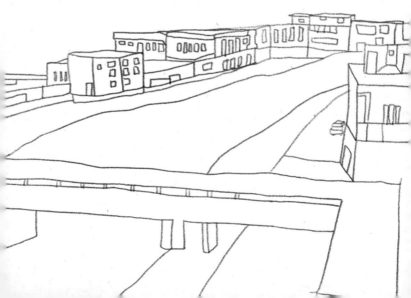

Education went from being a right to being a crime.

Girls were stopped from going to school.

When my world suddenly changed, my priorities changed too.

I had two options. One was to remain silent and wait to be killed. And the second was to speak up and then be killed.

I chose the second one. I decided to speak up.

La educación pasó de ser un derecho a ser un delito.

Se impedía a las niñas ir a la escuela.

Al cambiar de repente mi mundo, cambiaron también mis prioridades.

Tenía dos opciones. Una era callarme y esperar a que me matasen. La otra hablar alto y que luego me matasen.

Elegí la segunda opción. Decidí hacerme oír.

We could not just stand by and see those injustices of the terrorists denying our rights, ruthlessly killing people and misusing the name of Islam. We decided to raise our voice and tell them: Have you not learnt, have you not learnt that in the Holy Quran Allah says: if you kill one person it is as if you kill all of humanity?

Do you not know that Mohammad, peace be upon him, the prophet of mercy, he says, "do not harm yourself or others."

And do you not know that the very first word of the Holy Quran is the word "Iqra," which means "read"?

No podíamos quedarnos de brazos cruzados ante las injusticias de los terroristas, que nos negaban nuestros derechos, asesinaban a gente sin piedad y usaban falsamente el nombre del islam. Decidimos alzar la voz y decirles: ¿No habéis aprendido que en el sagrado Corán Alá dice que si matáis a una persona es como si matarais a toda la humanidad?

¿No sabéis que Muhammad, la paz sea con él, el profeta de la misericordia, dice «no os hagáis daño ni a vosotros ni a los demás»?

¿Y no sabéis que la primera palabra del sagrado Corán es *iqra*, que significa '¡lee!'?

The terrorists tried to stop us and attacked me and my friends who are here today, on our school bus in 2012, but neither their ideas nor their bullets could win.

We survived. And since that day, our voices have grown louder and louder.

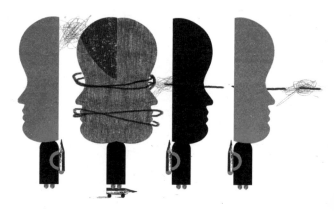

Los terroristas intentaron detenernos y nos atacaron, a mí y a mis amigas que hoy están aquí, en nuestro autobús escolar, en 2012, pero ni sus ideas ni sus balas pudieron vencer.

Sobrevivimos. Y desde aquel día nuestras voces se han vuelto cada vez más fuertes.

I tell my story, not because it is unique, but because it is not.

It is the story of many girls.

Today, I tell their stories too. I have brought with me some of my sisters from Pakistan, from Nigeria and from Syria, who share this story. My brave sisters Shazia and Kainat who were also shot that day on our school bus. But they have not stopped learning. And my brave sister Kainat Soomro who went through severe abuse and extreme violence; even her brother was killed, but she did not succumb.

Cuento mi historia no porque sea única, sino porque no lo es.

Es la historia de muchas chicas.

Hoy, cuento también sus historias. He traído conmigo a algunas de mis hermanas de Pakistán, Nigeria y Siria, que comparten esta historia. Mis valientes hermanas Shazia y Kainat, a las que también dispararon aquel día en nuestro autobús escolar. Pero no han dejado de aprender. Y mi valiente hermana Kainat Soomro, que sufrió graves abusos y extrema violencia. Incluso mataron a su hermano, pero ella no se rindió.

Also my sisters here, whom I have met during my Malala Fund campaign. My 16-year-old courageous sister, Mezon from Syria, who now lives in Jordan as a refugee and goes from tent to tent encouraging girls and boys to learn. And my sister Amina, from the North of Nigeria, where Boko Haram threatens, and stops girls and even kidnaps girls, just for wanting to go to school.

Y también mis hermanas que están aquí, a las que conocí durante mi campaña con la fundación Malala. Mi valiente hermana de 16 años, Mezon, de Siria, que ahora vive en Jordania como refugiada y va de tienda en tienda animando a chicas y chicos a estudiar. Y mi hermana Amina, del norte de Nigeria, donde Boko Haram amenaza a las niñas, las para o incluso las secuestra simplemente por querer ir a la escuela.

Though I appear as one girl, one person, who is 5 foot 2 inches tall, if you include my high heels (it means I am 5 foot only), I am not a lone voice, I am many.

I am Malala. But I am also Shazia.

I am Kainat.

I am Kainat Soomro.

I am Mezon.

I am Amina. I am those 66 million girls who are deprived of education. And today I am not raising my voice, it is the voice of those 66 million girls.

Aunque se me ve como una chica, una persona, de 1,57 de altura, contando los tacones (en realidad mido 1,52), no soy una sola voz, soy muchas voces.

Soy Malala. Pero también soy Shazia.

Soy Kainat.

Soy Kainat Soomro.

Soy Mezon.

Soy Amina. Soy esos sesenta y seis millones de niñas a las que se priva de educación. Y hoy la voz que alzo no es la mía; es la voz de esos sesenta y seis millones de niñas.

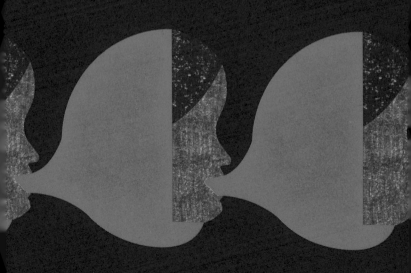

Sometimes people like to ask me why should girls go to school, why is it important for them. But I think the more important question is why shouldn't they? Why shouldn't they have this right to go to school?

Dear brothers and sisters, today, in half of the world, we see rapid progress and development. However, there are many countries where millions still suffer from the very old problems of war, poverty and injustice.

We still see conflicts in which innocent people lose their lives and children become orphans. We see many people becoming refugees in Syria, Gaza and Iraq. In Afghanistan, we see families being killed in suicide attacks and bomb blasts.

A veces a la gente le gusta preguntarme por qué las niñas deberían ir a la escuela, por qué la educación es importante para ellas. Pero yo creo que la pregunta más importante es: ¿por qué no? ¿Por qué no deberían tener ese derecho a ir a la escuela?

Queridos hermanos y hermanas, hoy, en medio mundo, vemos un rápido progreso y desarrollo. Pero hay muchos países donde millones de personas siguen sufriendo los antiquísimos problemas de la guerra, la pobreza y la injusticia.

Seguimos viendo conflictos en los que pierden la vida personas inocentes y los niños se quedan huérfanos. Vemos a muchas personas convertidas en refugiados en Siria, Gaza e Irak. En Afganistán vemos morir familias enteras en ataques suicidas y atentados con bombas.

Many children in Africa do not have access to education because of poverty. And as I said, we still see girls who have no freedom to go to school in the north of Nigeria.

Many children in countries like Pakistan and India, as Kailash Satyarthi mentioned, especially in India and Pakistan, are deprived of their right to education because of social taboos, or they have been forced into child marriage or into child labour.

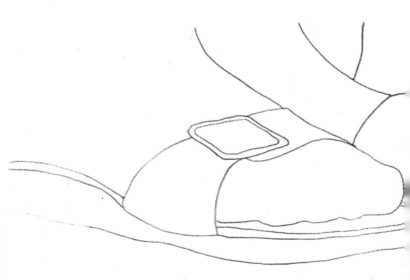

Muchos niños en África no tienen acceso a la escuela a causa de la pobreza. Y, como he dicho, aún vemos niñas a las que no dejan ir a la escuela en el norte de Nigeria.

Muchos niños en países como Pakistán e India, como ha mencionado Kailash Satyarthi, sobre todo en India y Pakistán, no tienen derecho a la educación a causa de tabúes sociales, o porque se les ha obligado a casarse o a trabajar cuando todavía son pequeños.

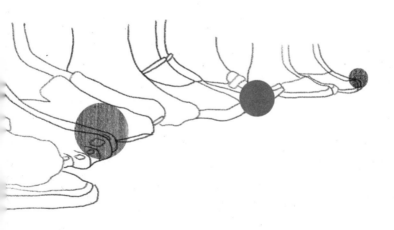

One of my very good school friends, the same age as me, who had always been a bold and confident girl, dreamed of becoming a doctor. But her dream remained a dream. At the age of 12, she was forced to get married. And then soon she had a son. She had a child when she herself was still a child—only 14. I know that she could have been a very good doctor.

But she couldn't... because she was a girl.

Her story is why I dedicate the Nobel Peace Prize money to the Malala Fund, to help give girls quality education, everywhere, anywhere in the world and to raise their voices. The first place this funding will go to is where my heart is, to build schools in Pakistan—especially in my home of Swat and Shangla.

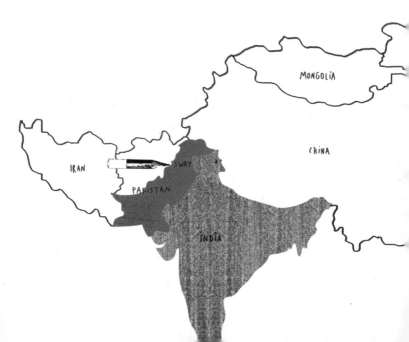

41

Una de mis mejores amigas de la escuela, de mi misma edad, que siempre había sido una chica audaz y segura de sí misma, soñaba con ser médica. Pero su sueño se quedó en sueño. Cuando tenía doce años la obligaron a casarse. Y al cabo de poco tiempo tuvo un hijo. Tuvo un niño a una edad en que ella misma era aún una niña: tenía solo catorce años. Sé que mi amiga habría sido una médica excelente.

Pero no pudo serlo... porque era niña.

Su historia es el motivo por el que dedico el dinero del Premio Nobel a la Fundación Malala, para ayudar a ofrecer a las niñas una educación de calidad en cualquier lugar del mundo, y para que se oiga su voz. El primer sitio adonde irán a parar estos fondos es donde está mi corazón: a construir escuelas en Pakistán, especialmente en mi hogar de Swat y Shangla.

In my own village, there is still no secondary school for girls. And it is my wish and my commitment, and now my challenge to build one so that my friends and my sisters can go to school there and get a quality education and get this opportunity to fulfil their dreams.

This is where I will begin, but it is not where I will stop. I will continue this fight until I see every child in school.

Dear brothers and sisters, great people who brought change, like Martin Luther King and Nelson Mandela, Mother Teresa and Aung San Suu Kyi, once stood here on this stage. I hope the steps that Kailash Satyarthi and I have taken so far and will take on this journey will also bring change—lasting change.

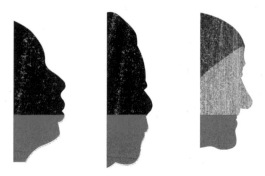

En mi aldea natal aún no hay ninguna escuela de secundaria para chicas. Y es mi deseo y mi compromiso, y ahora un reto para mí, construir una, para que mis amigas y mis hermanas puedan acudir a recibir educación de calidad y tener la oportunidad de realizar sus sueños.

Es allí donde voy a empezar, pero no voy a pararme allí. Quiero continuar esta lucha hasta ver a todos los niños en la escuela.

Queridos hermanos y hermanas: grandes personas que trajeron cambios, como Martin Luther King y Nelson Mandela, la Madre Teresa y Aung San Suu Kyi estuvieron también aquí, en este estrado. Espero que los pasos que Kailash Satyarthi y yo hemos dado hasta ahora y los que daremos en este viaje traerán consigo un cambio, un cambio duradero.

My great hope is that this will be the last time we must fight for education. Let's solve this once and for all.

We have already taken many steps. Now it is time to take a leap.

It is not time to tell the world leaders to realise how important education is—they already know it and their own children are in good schools. Now it is time to call them to take action for the rest of the world's children.

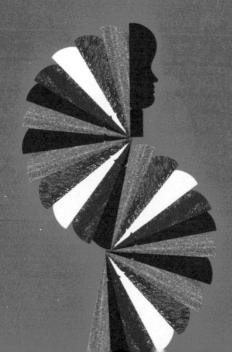

Mi gran esperanza es que esta sea la última vez que tenemos que luchar por la educación. Resolvamos esto de una vez por todas.

Ya hemos dado muchos pasos. Ahora es el momento de dar un salto.

No es momento de decir a los líderes mundiales que vean lo importante que es la educación. Ya lo saben: sus hijos estudian en buenos colegios. Es momento de llamarles a la acción por los hijos de todos los demás.

We ask the world leaders to unite and make education their top priority.

Fifteen years ago, the world leaders decided on a set of global goals, the Millennium Development Goals. In the years that have followed, we have seen some progress. The number of children out of school has been halved, as Kailash Satyarthi said. However, the world focused only on primary education, and progress did not reach everyone.

During 2015, representatives from all around the world will meet at the United Nations to set the next set of goals, the Sustainable Development Goals. This will set the world's ambition for the next generations.

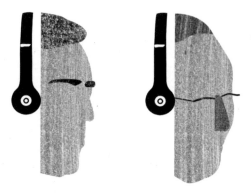

Pedimos a los líderes mundiales que se unan y hagan de la educación su máxima prioridad.

Hace quince años, los líderes mundiales acordaron una serie de objetivos globales, los Objetivos de Desarrollo del Milenio. Durante los años siguientes hemos visto algún progreso. El número de niños sin escuela se ha reducido a la mitad, como ha dicho Kailash Satyarthi. Sin embargo, el mundo se ha centrado solo en la enseñanza primaria y el progreso no ha alcanzado a todos.

Durante el año 2015, representantes de todo el mundo se reunirán en Naciones Unidas para acordar el próximo conjunto de objetivos: los Objetivos de Desarrollo Sostenible. Estos marcarán el rumbo del mundo durante las generaciones venideras.

The world can no longer accept that basic education is enough. Why do leaders accept that for children in developing countries, only basic literacy is sufficient, when their own children do homework in Algebra, Mathematics, Science and Physics?

Leaders must seize this opportunity to guarantee a free, quality, primary and secondary education for every child.

Some will say this is impractical, or too expensive, or too hard. Or maybe even impossible. But it is time the world thinks bigger.

El mundo no puede seguir creyendo que basta con la enseñanza básica. ¿Por qué los líderes aceptan que para los niños de los países en desarrollo basta con la alfabetización básica, mientras sus hijos están haciendo deberes de álgebra, matemáticas, ciencias y física?

Los líderes deben aprovechar esta oportunidad para garantizar una educación gratuita y de calidad, primaria y secundaria, para todos los niños y niñas.

Algunos dirán que esto no es práctico, o que es demasiado caro, o demasiado difícil. O, incluso, imposible. Pero ha llegado el momento de que el mundo piense en grande.

Dear sisters and brothers, the so-called world of adults may understand it, but we children don't. Why is it that countries which we call "strong" are so powerful in creating wars but are so weak in bringing peace? Why is it that giving guns is so easy but giving books is so hard? Why is it that making tanks is so easy, but building schools is so hard?

We are living in the modern age and we believe that nothing is impossible. We reached the moon 45 years ago and maybe we will soon land on Mars. Then, in this 21st century, we must be able to give every child quality education.

Queridas hermanas y hermanos, tal vez el llamado mundo de los adultos puede entenderlo, pero nosotros, los niños, no lo entendemos. ¿Por qué razón países que llamamos «potencias» son tan poderosos para crear guerras y tan débiles para traer la paz? ¿Por qué razón es tan fácil dar armas y tan difícil dar libros? ¿Por qué razón es tan fácil fabricar tanques y tan difícil construir escuelas?

Vivimos en la edad moderna y creemos que nada es imposible. Llegamos a la Luna hace cuarenta y cinco años y puede que pronto aterricemos en Marte. Por lo tanto, en este siglo XXI tenemos que poder dar a todos los niños una educación de calidad.

Dear sisters and brothers, dear fellow children, we must work... not wait. Not just the politicians and the world leaders, we all need to contribute. Me. You. We. It is our duty.

Let us become the first generation that decides to be the last that sees empty classrooms, lost childhoods and wasted potentials.

Let this be the last time that a girl or a boy spends their childhood in a factory.

Queridas hermanas y hermanos, queridos niños como yo: tenemos que trabajar, no esperar. No solo los políticos y los líderes mundiales: todos tenemos que contribuir. Yo. Tú. Nosotros. Es nuestro deber.

Seamos la primera generación que decide ser la última que ve aulas vacías, infancias perdidas y potenciales desperdiciados.

Que sea la última vez que un niño o una niña pase su infancia en una fábrica.

Let this be the last time that a girl is forced into early child marriage.

Let this be the last time that a child loses life in war.

Let this be the last time that we see a child out of school.

Let this end with us.

Let's begin this ending... together... today... right here, right now. Let's begin this ending now.

Thank you so much.

Que sea la última vez que una niña es obligada a casarse.

Que sea la última vez que un niño pierde la vida en la guerra.

Que sea la última vez que vemos un niño sin escuela.

Que esto finalice con nosotros.

Empecemos este final... juntos... hoy... aquí mismo, ahora mismo. Empecemos este final ahora.

Muchas gracias.

CLAVES DEL DISCURSO
La Premio Nobel más joven de la historia

Clara Fons Duocastella

El 10 de diciembre de 2014, Malala Yousafzai pronuncia en el Ayuntamiento de Oslo (Noruega) el discurso que reproduce este libro. Con diecisiete años, se convierte en la persona más joven en recibir el Premio Nobel de la Paz, considerada la distinción más prestigiosa del mundo. Comparte el galardón con Kailash Satyarthi, activista indio reconocido por su lucha a favor de los derechos de los niños y contra la explotación infantil. Cuando recoge el premio, Malala sigue amenazada de muerte por los talibanes y se está recuperando aún de las numerosas operaciones que le han salvado la vida tras ser víctima de un ataque terrorista por defender la educación de las niñas y la paz en su país.

A continuación sabremos quién es Malala Yousafzai, qué dificultades supone vivir en un país en guerra, por qué es importante que todo el mundo tenga acceso a la educación, cómo nacen los fundamentalismos y qué es la no violencia, entre otras cuestiones.

Quién es Malala Yousafzai

El 12 de julio de 1997 nace, en la ciudad de Mingora (Pakistán), la primera hija de Toor Pekai y de Ziauddin Yousafzai. Deciden llamarla Malala. Su casa es una construcción humilde situada cerca de un vertedero, justo delante de la escuela que Ziauddin fundó con muy poco dinero. Malala pasa mucho tiempo en la escuela de su padre y jugando con sus dos hermanos Khushal y Atal por los callejones de alrededor. Lo que más les gusta es jugar al críquet y, cuando no pueden comprar una pelota, se la hacen rellenando un calcetín viejo con cosas tiradas.

Por su casa pasa siempre un montón de gente: familiares, vecinos, amigos y conocidos. La madre de Malala cocina mientras habla con las demás mujeres, que ahí van sin velo y luciendo alegres maquillajes. El padre y los hombres beben té y hablan de política. La madre de Malala no sabe ni leer ni escribir. Normalmente lleva un pañuelo que le tapa parte de la cara, hasta los ojos; se llama *nicab*. Otras mujeres llevan burka, que les cubre toda la cabeza, los ojos y la cara en general. Algunas llevan incluso guantes y calcetines para no enseñar ni un ápice del cuerpo.

Sin embargo, Malala es diferente: de pequeña decidió que no se cubriría el rostro porque consideraba que formaba parte de su identidad. Ya entonces, en lugar de quedarse en la cocina con las mujeres, prefería sentarse a los pies de su padre a escucharlo hablar de política con los demás hombres.

Con el tiempo, además de la escuela primaria, su padre crea otros dos centros educativos: uno para chicas y otro para chicos. Esto permite aumentar un poco los ingresos de la familia, que lo aprovecha para compartir: acoge a una familia en casa, da de comer a personas que lo necesitan y ofrece becas escolares a los hijos de familias sin recursos.

Hasta entonces, Malala va a la escuela con normalidad y saca las mejores notas de clase. Sin embargo, con solo ocho años, esto, que es la máxima ilusión de su vida, se ve interrumpido por la irrupción de los talibanes en el valle de Swat. Con su llegada comienza una serie de prohibiciones que impedirán, entre otras cosas, que las niñas puedan ir a la escuela.

El valle de Swat

El valle de Swat, famoso por su belleza natural, está en el norte de Pakistán. La mayoría de la población que vive allí son pastunes. Tienen sus tradiciones propias y se definen como personas orgullosas y hospitalarias. Los pastunes (o pueblo *pathan*) hablan el idioma pastún.

Pakistán —que quiere decir 'país de los puros'— está situado en el sur de Asia. Limita con el mar Arábico, Irán, China, India y Afganistán. El país se fundó en 1947, tras décadas de dominación británica.

Aunque Pakistán es una república islámica, no apoya a los talibanes, que atacan a la población desde finales de la década de los noventa. Los habitantes de Pakistán (un 42 % de ellos, analfabetos) son víctimas por igual de los ataques de los terroristas talibanes, del ejército del estado pakistaní y de los drones estadounidenses que, con la excusa de querer eliminar a los talibanes, también matan, hieren y destrozan a la población civil.

Un terremoto y mucho miedo

El 8 de octubre de 2005, cuando Malala tiene ocho años, Pakistán sufre uno de los peores terremotos de su historia. En el distrito de Shangla muchos pueblos de montaña quedan totalmente destruidos, como el del padre y la madre de Malala.

La regiones más devastadas reciben enseguida la ayuda del grupo islámico radical Movimiento para la Implementación de la Ley Islámica (TNSM). Este grupo, liderado por Sufí Muhammad y por su yerno Maulana Fazlullah, ejerce un papel fundamental en el entierro de los muertos y la reconstrucción de los pueblos. También se ocupa de los millares de niños que se han quedado huérfanos, a los que envía a vivir a madrasas (escuelas alcoránicas), donde aprenden sobre todo a recitar el Corán.

La actuación del TNSM da credibilidad a sus líderes religiosos —los mulás—, que aseguran que el terremoto ha sido un aviso de Dios. Dicen que, si la población no aplica la ley islámica de conducta personal y social —la sharía— tal como ellos la entienden, los castigos continuarán.

A partir de entonces, el padre de Malala empieza a recibir presiones para cerrar la escuela de femenina. Le dicen que las adolescentes no pueden recibir educación ni mezclarse con los hombres, según dicta el «camino recto» del islam.

Tras esto da comienzo la emisión de instrucciones del mulá Fazlullah por la radio: «Rezad cada día. Dejad de escuchar música, dejad de ir al cine y a bailar. Dejadlo ahora mismo. Si no lo hacéis, Dios nos enviará otro terremoto para castigarnos». La mayoría de la población empieza a creer que el terremoto ha sido voluntad divina. Su radio, Radio Mulá, es la única emisora autorizada. Los sermones continúan: los hombres tienen que dejarse crecer el pelo; las mujeres solo podrán salir de casa en caso de emergencia, con burka y acompañadas de un pariente masculino. La campaña va contra todo lo que el mulá considera antiislámico o con tintes occidentales.

Pronto los discursos se convierten en ataques personales y se anuncian por radio los nombres de las personas «pecadoras», las que no hacen caso de las normas de los talibanes. Y enseguida llega la prohibición de las escuelas femeninas y de las vacunas para los bebés.

De los sermones de la radio se pasa a los hechos. Los hombres llevan los televisores, los CD y los DVD a las plazas para que los miembros de Radio Mulá los quemen allí mismo. Ya no se ven mujeres por la calle. Los barberos dejan de cortar el pelo al estilo —supuestamente— occidental. Las tiendas de música cierran y las familias entregan dinero y joyas al mulá para fabricar bombas y entrenar milicianos. Las escuelas femeninas se van vaciando progresivamente y los maestros ya no quieren dar clase en ellas. Se producen numerosos azotamientos públicos en los que la gente grita «¡Dios es grande!» con cada latigazo. Los asesinatos de «infieles» se vuelven constantes y los cuerpos de las víctimas se cuelgan en las plazas públicas.

Fazlullah bombardea puentes, tiendas, carreteras y escuelas. Solo durante el año 2008 los talibanes bombardean doscientas escuelas. Algunos se inmolan (cargándose el cuerpo de explosivos que hacen explotar) en lugares muy concurridos, para provocar un número mayor de muertos y heridos y generar aún más miedo entre la población.

A la represión de los talibanes se suma una operación militar espectacular del ejército pakistaní que, aunque tiene como objetivo anular las acciones de los primeros, lo único que consigue es llevar más bombardeos y violencia al valle de Swat.

Convivir con el terrorismo y la guerra es vivir en un estado de miedo permanente. ¿En quién se puede confiar? ¿Existe algún lugar seguro?

Una heroína en Pakistán

Su querida escuela Khushal es un espacio en el que Malala puede soñar y dar respuesta a sus inquietudes de conocimiento. Durante mucho tiempo ha sido su oasis de paz. Y, desde que empezaron los ataques de los talibanes, en clase aprovechan para hablar de la represión que están viviendo.

Dentro de Malala va creciendo la valentía y la necesidad de expresar lo que piensa y siente, impulsada por el ejemplo de su padre, que ignora su miedo y somete las acciones de los talibanes a una crítica pública constante. Con once años estrena un blog en urdu para la web de la televisión pública británica, la BBC, bajo el seudónimo de

Gul Makai. Lo titula «Diario de una escolar pakistaní» y en él explica y denuncia cómo es la vida controlada por los talibanes.

Malala empieza a conceder entrevistas y a ofrecer conferencias. Su discurso es directo y activo y empodera al pueblo, sin atribuir exclusivamente la responsabilidad a los políticos. Aunque enseguida tiene que cerrar el blog por motivos de seguridad, Malala ya ha ganado visibilidad y en su país la consideran una heroína. Dos años después, el gobierno pakistaní crea el Premio Nacional de la Paz para la Juventud, el «Premio Malala», como reconocimiento a su labor.

La guerra entre los talibanes y el ejército pakistaní obliga a Malala y a su familia a dejar Mingora durante unos meses. Junto a otros dos millones de personas. Es el éxodo más grande de la historia de los pastunes.

Mientras, Malala sigue recibiendo numerosos reconocimientos. Obtendrá muchos premios internacionales por su campaña a favor de los derechos de las chicas y de la paz. Dada su visibilidad y su denuncia pública de los actos de los talibanes, Malala se convierte en uno de sus blancos. Están decididos a matarla.

El atentado

El 9 de octubre de 2012 por la tarde Malala se acaba de examinar y vuelve hacia casa en el autobús escolar. Comparte el trayecto con otras diecinueve chicas y dos profesoras. Hace calor. Malala está hablando felizmente con su amiga del alma, Moniba, y al poco de arrancar todas las chicas se ponen a cantar. De pronto, cuando faltan tres minutos para llegar a casa, el vehículo se detiene. ¡Qué extraño tanto silencio! Y no hay nadie en la calle...

Dos hombres vestidos de blanco se han puesto delante del autobús. Uno de ellos le pregunta al conductor si es el autobús de la escuela Khushal. Enseguida, el otro hombre se dirige a las pasajeras y pregunta: «¿Quién es Malala?». Nadie contesta, pero algunas compañeras, instintivamente, la miran. Es la única que no lleva el pañuelo que debería cubrirle el pelo. Malala le coge la mano a Moniba. El hombre empuña una pistola y le dispara. Tres veces. Las chicas gritan. Malala agacha la cabeza y la esconde entre las manos, pero una bala le atraviesa el cráneo, pasa entre la ceja izquierda y la oreja y desciende por el cuello hasta detenerse a la altura del hombro. Otras dos compañeras resultan heridas. El conductor del autobús va directamente al hospital central de Swat. Los talibanes, instigados por Fazlullah, reivindican el atentado.

Malala está a punto de morir y su salud empeora por minutos. Por eso los médicos, con la conformidad del padre y la madre de Malala, deciden trasladarla a un hospital de Birmingham (Reino Unido). Urgentemente y en un jet privado. La noticia del atentado contra la que se considera una de las mayores activistas por el derecho a la educación de las niñas da la vuelta al mundo.

Malala supera múltiples operaciones, terapias y dolores. Parece un milagro. Unas semanas después de abrir los ojos y de empezar a articular algunas palabras le entregan las cartas y postales que ha recibido de todos los rincones del planeta. ¡Más de ocho mil! Son mensajes de apoyo que le desean una pronta recuperación. Los han escrito niños, jóvenes, personalidades políticas, diplomáticas, cantantes, actrices... También hay paquetes con regalos y el más especial para ella es el que le envían los hijos de Benazir Bhutto, que contiene dos chales de la antigua primera ministra de Pakistán, asesinada en 2007.

Estando Malala aún en el hospital, la UNESCO (Organización de las Naciones Unidas para la Educación, la Ciencia y la Cultura) y Pakistán crean el Fondo Malala, cuyo objetivo es fomentar el acceso de las niñas a la educación.

En 2013 Malala recibe el alta médica. Se queda con su familia en Birmingham, donde reanuda sus estudios. No puede abandonar los tratamientos en el hospital y en su país sigue amenazada de muerte por los talibanes. Desde Birmingham continuará su labor a favor de las mujeres.

Querer hacer política

El 12 de julio de 2013, coincidiendo con su decimosexto aniversario, Malala Yousafzai pronuncia un discurso en la sede de las Naciones Unidas (Estados Unidos), ante los principales dirigentes políticos de todo el mundo. Malala lleva puesto uno de los dos chales que los hijos de Benazir Bhutto le mandaron al hospital mientras luchaba entre la vida y la muerte.

En octubre de 2007, cuando Malala tenía diez años, Benazir Bhutto, de cincuenta y cuatro, regresó de un exilio de casi nueve años en Reino Unido para presentarse a las elecciones que se iban a celebrar en Pakistán el 8 de enero de 2008. Era la líder de la oposición, considerada enemiga tanto por el partido que en aquel momento gobernaba Pakistán como por los grupos de islamistas radicales. Había sido la primera mujer en estar al frente de un país musulmán.

Dos meses después de su regreso, en su último mitin ante miles de seguidores, Benazir proclamó: «Arriesgo la vida y vengo aquí porque siento que el país está en peligro»; «La gente está preocupada. Nosotros intentaremos sacar el país de la crisis»; «Venceremos a las fuerzas extremistas y las milicias con el poder del pueblo». Cuando se disponía a abandonar el recinto, y mientras saludaba a la multitud de seguidores, recibió varios disparos que le provocaron la muerte. El terrorista se inmoló a continuación con una bomba y provocó la muerte de al menos treinta y ocho personas más, junto a decenas de heridos.

De alguna forma, Malala decidió continuar la labor de Benazir Bhutto. Por eso aquel 12 de julio de 2013 subió al atril de las Naciones Unidas con su chal.

Tras el discurso en Naciones Unidas, Malala recibe el Premio Embajadora de Conciencia de Amnistía Internacional, el reconocimiento más prestigioso de la organización. Poco después obtiene el Premio Sájarov a la Libertad de Conciencia, concedido por el Parlamento Europeo. En 2014 le otorgan el Premio Nobel de la Paz y se convierte en la persona más joven que recibe esta distinción. En 2017 es nombrada Mensajera de la Paz de la ONU y también en esa calidad será la persona más joven. Años antes, la ONU había declarado el día 12 de julio como el Día de Malala. Estos son solo algunos de los reconocimientos que Malala recibe por todo el mundo.

Premio Nobel de la Paz

El 10 de octubre de 2014 se anuncia que el Premio Nobel de la Paz ha recaído en Malala Yousafzai. Y dos meses después Malala asiste a la ceremonia de aceptación del premio y pronuncia el discurso que se reproduce en este libro.

En la ceremonia, presidida por los reyes y los príncipes de Noruega, acompañan a Malala su padre y su madre, sus hermanos y cinco amigas íntimas. Todos ellos, pero especialmente el padre y la madre, visiblemente felices y emocionados.

No es anecdótico, sino más bien de gran importancia, que Malala Yousafzai y Kailash Satyarthi reciban la distinción a la vez. Comparten un mismo reconocimiento una chica adolescente y un señor de mediana edad, una pakistaní y un indio, una musulmana y un hindú. Los dos, luchadores incansables a favor de los derechos de los niños.

Antes de dirigirse al público, Malala recibe, de manos del presidente del comité del Nobel, la medalla de oro y el diploma que la galardonan como Nobel de la Paz. Con el público en pie y entre aplausos, Malala se lleva varias veces la mano derecha al corazón en señal de agradecimiento.

Una vez en el atril, Malala se recoloca el velo y se expresa en un inglés fluido que acompaña con gesticulaciones de la mano derecha y una mirada directa que no deja de recorrer la audiencia. Con tono nítido, pausado y contundente, transmite pasión a los presentes, que la interrumpen varias veces con largos aplausos.

Durante todo su discurso, Malala pone en el centro a la persona. Habla de su experiencia personal y de la de sus amigas: cuando se pintaban ecuaciones con henna o cuando aquella amiga que quería ser médica no lo pudo ser a causa de un matrimonio y una maternidad prematuros. Es una manera de captar la atención del público y hacer llegar la misiva sin tapujos. «Aunque se me ve como una chica, una persona [...], no *soy* una sola voz, *soy* muchas voces. *Soy* Malala. Pero también *soy* Shazia. *Soy* Kainat. *Soy* Kainat Soomro. *Soy* Mezon. *Soy* Amina. *Soy* esos sesenta y seis millones de niñas a las que se priva de educación», dice.

Malala recurre mucho a la repetición por dar énfasis a su mensaje: «Estoy orgullosa de que *podamos trabajar juntos*: que *podamos trabajar juntos* y mostrar al mundo que un indio y una pakistaní *pueden trabajar juntos* y alcanzar sus objetivos por los derechos de los niños». Más adelante afirma: «Este premio no es solo para mí. *Es para los niños* olvidados que quieren educación. *Es para los niños* asustados que quieren paz. *Es para los niños* sin voz que quieren cambio». Y, hacia el final del discurso, todas las frases empiezan igual: «*Que sea la última vez que* un niño o una niña pase su infancia en una fábrica. *Que sea la última vez que* una niña es obligada a casarse. *Que sea la última vez que* un niño pierde la vida en la guerra. *Que sea la última vez que* vemos un niño sin escuela». Este recurso retórico de repetir el comienzo de una frase se llama *anáfora*.

Malala interpela directamente el público con la mirada y también a través de algunas preguntas que lanza como semillas, sin esperar respuesta (*preguntas retóricas*): «¿Por qué razón países que llamamos "potencias" son tan poderosos para crear guerras y tan débiles para traer la paz? ¿Por qué razón es tan fácil dar armas y tan difícil dar libros? ¿Por qué razón es tan fácil fabricar tanques y tan difícil construir escuelas?».

Con su discurso, que dirige con frecuencia a sus «queridas hermanas y hermanos», Malala hace saltos constantes entre su historia personal y una misión colectiva irrenunciable y a favor de toda la humanidad.

El origen de los fundamentalismos

«*Bismil-lāhi Rahmāni Rahīm*. En el nombre de Dios, el Clemente, el Misericordioso». Malala inicia su discurso de aceptación del Premio Nobel de la Paz con esta fórmula ritual, fundamental para las personas musulmanas.

Malala, como el resto de pastunes, es musulmana sunita. Eso quiere decir que su religión es el islam y su libro sagrado, el Corán. Desde pequeña se comunicaba con Alá, Dios, a través de la oración. Con solo cinco años, cada tarde, al salir de clase, iba a una madrasa a estudiar el Corán.

Como en todas las religiones, en el islam hay distintas formas de vivir la fe. Malala la vive de forma abierta y respetuosa. Expresa su desacuerdo con varios puntos de la interpretación de la sharía y con los que malinterpretan el concepto *gihad* (que quiere decir 'esfuerzo') entendido como lucha armada contra los «enemigos» o «quienes no creen». El islam no va contra la vida ni la libertad, piensa Malala. El islam no apoya la violencia, la opresión ni la anulación de los derechos de ninguna persona, sea niña, niño, mujer u hombre. «¿No sabéis que Muhammad, la paz sea con él, el profeta de la misericordia, dice "no os hagáis daño ni a vosotros ni a los demás"?», pregunta Malala en su discurso.

Cuando hay una única manera de entender el mundo —una única cosmovisión— evidente para todos, la fe religiosa da mucha seguridad; en cierta forma, incluso evita pensar, porque la religión tiene una respuesta para todo. Sin embargo, en el momento en el que hay diversidad de opiniones e interpretaciones diferentes de la realidad, aparecen las dudas. Los extremismos y los fundamentalismos nacen como reacción defensiva ante la incertidumbre que generan estas dudas.

Los fundamentalismos son movimientos intolerantes organizados que van en contra de lo que viene del exterior y, sobre todo, en contra de quienes, compartiendo la misma tradición religiosa, son considerados herejes o influenciables por otras cosmovisiones. Hay grupos y personas fundamentalistas en todas las religiones, si bien las monoteístas —como por ejemplo el cristianismo, el judaísmo y el islam— son las que generan más.

Los talibanes son uno de estos grupos fundamentalistas que, muy alejados de los principios originarios del islam, hacen la guerra contra los musulmanes que no siguen sus imposiciones y contra todo lo que identifican como occidental.

La no violencia

A pesar de que Malala se llama así en honor a la gran heroína pastún Malalai, que alentó a sus compatriotas a seguir luchando, poniéndose al frente del batallón en un momento de *impasse,* ella no cree en la violencia como forma de resolver los conflictos.

De hecho, Malala ha renunciado al *badal* (uno de los apartados del código que establece las normas de «convivencia» de los pastunes), según el cual cada obra mal hecha se tiene que pagar con la misma moneda (si te roban, roba; si te insultan, insulta; si matan, mata...).

En su discurso, Malala hace referencia a Martin Luther King, Nelson Mandela, la Madre Teresa y Aung San Suu Kyi, a la vez que subraya la importancia de recoger el premio junto con Kailash Satyarthi. Así pues, Malala, una chica musulmana, toma como modelo, a la hora de defender los cambios que propone, figuras de diferentes tradiciones religiosas. Aun siendo consciente de que nadie es perfecto y de que esas personas, con distintas trayectorias y convicciones, también han cometido errores, las reconoce por el hecho de defender sus ideas a través de la oposición no violenta.

La no violencia es la forma de luchar para transformar una realidad sin hacer uso de la violencia. Es decir, es una acción que no utiliza la violencia y que se lleva a cabo con el objetivo de transformar una situación de conflicto. Son varias las razones para rechazar la violencia:

- En primer lugar, las razones éticas: toda persona humana tiene valor absoluto por el solo hecho de existir.

Luego, ¿qué conflicto puede mejorar con la muerte de alguien? ¿Qué puede arreglarse destruyendo una ciudad?

- En segundo lugar, las razones de tipo racional: cuando un conflicto se resuelve con violencia, siempre gana el más fuerte, no necesariamente el más justo. Dicho en otras palabras: con la violencia podemos conseguir victorias, no soluciones.

- Finalmente, las razones de tipo estratégico: la acción no violenta es una «arma» de masas y no exclusiva de las personas poderosas a nivel económico y político.

Malala defiende la no violencia con una convicción profunda. No guarda ningún rencor a quienes la quisieron matar. Ella sabe que los talibanes pueden destruir su cuerpo, pero no pueden matar sus ideas, sus deseos, sus sueños..., ni son capaces de silenciar todas las voces que se han alzado a favor de su causa.

El derecho de las niñas a la educación

En Pakistán no se celebra el nacimiento de una niña, y, de hecho, su nombre no se inscribe en el árbol genealógico familiar, al contrario de lo que ocurre con los recién nacidos varones. En el caso de Malala fue diferente, porque su padre no mantenía todas las costumbres.

A pesar de tener el apoyo de su padre y de no haber seguido nunca las convenciones, Malala sabía que el hecho de ser una chica la privaría de muchas cosas básicas y que vería menguada su capacidad de decisión. Tenía claro que lo que se esperaba de las mujeres era que se quedaran en casa, dedicadas a las tareas domésticas; con un poco de suerte, podrían estudiar medicina, para atender a otras mujeres, pero no podrían titularse en prácticamente nada más.

Sin embargo, esta situación no es exclusiva de Pakistán. Se calcula que en el mundo hay setecientos cincuenta millones de personas que son analfabetas; y dos de cada tres son mujeres.

No estar alfabetizada no quiere decir sólo no saber leer ni escribir, sino que implica no poder ser una ciudadana libre, crítica y responsable, con posibilidad de interactuar con el mundo y sus instituciones.

Para dar respuesta a esta situación, en 2013 Malala creó la Fundación Malala. Esta fundación parte del convencimiento de que todas las niñas y los niños, todas las chicas y los chicos poseen la capacidad de cambiar el mundo si tienen una oportunidad. Por eso, la Fundación Malala crea y presta apoyo a proyectos que empoderen a las comunidades locales y fomenten la educación de las niñas y de los niños, y ofrece herramientas para que la voz de estos jóvenes pueda ser escuchada en todas partes. Actualmente tiene proyectos en Pakistán, Afganistán, Siria, India, Nigeria y Brasil.

Hoy, Malala continúa infatigable su misión a favor de los derechos de las mujeres, del derecho a la educación y de la paz. Vive con su madre —que ya sabe leer y escribir en urdu e inglés—, con su padre —que ahora participa en las tareas domésticas— y con sus hermanos —con quienes sigue peleándose. En 2018, con veinte años y bajo un enorme dispositivo de protección militar, visitó Pakistán por primera vez después del atentado. El mismo año, el líder talibán Fazlullah murió en Afganistán durante un bombardeo estadounidense.

Aunque sabe que no es bien recibida por todos, Malala desea volver a instalarse en Pakistán cuando haya acabado los estudios. Y contribuir desde allí a hacer un mundo algo más justo.

Queridas hermanas y hermanos, queridos niños como yo: tenemos que trabajar, no esperar. No solo los políticos y los líderes mundiales: todos tenemos que contribuir. Yo. Tú. Nosotros. Es nuestro deber. [...] Empecemos este final... juntos... hoy... aquí mismo, ahora mismo. Empecemos este final ahora.